19 Mars 1912 ✓

VENTE
Du Mardi 19 Mars 1912
HOTEL DROUOT, SALLE N° 11
A DEUX HEURES

BRODERIES ET SOIERIES

MEUBLES & BOIS SCULPTÉS
ANCIENS

COMMISSAIRE-PRISEUR
Me ROBERT BIGNON
41, rue de la Victoire
EXPERTS
MM. BRANDICOURT & BOURDIER Fils
144, rue de Courcelles

CATALOGUE

DES

BRODERIES & SOIERIES ANCIENNES

DES XVIIe ET XVIIIe SIÈCLES

Collection d'échantillons d'étoffes imprimées
Collection de galons, rubans, franges, dentelles, or et argent, etc.

MEUBLES ET BOIS SCULPTÉS

Bahuts, Fauteuils, Tables, Frises, Colonnettes, Panneaux, Etc.

DONT LA VENTE AURA LIEU

HOTEL DROUOT, SALLE N° 11

LE MARDI 19 MARS 1912

à deux heures

Me ROBERT BIGNON	MM. BRANDICOURT et BOURDIER Fils
COMMISSAIRE-PRISEUR	EXPERTS
41, rue de la Victoire	144, rue de Courcelles

EXPOSITION PUBLIQUE

LE LUNDI 18 MARS 1912

De 2 heures à 6 heures

CONDITIONS DE LA VENTE

Elle sera faite au comptant.

Les adjudicataires paieront DIX POUR CENT en sus des enchères.

L'exposition mettant le public à même de se rendre compte de l'état et de la nature des objets, aucune réclamation ne sera admise une fois l'adjudication prononcée.

Paris. — Imp. de l'Art, CH. BERGER, 41, rue de la Victoire.

DÉSIGNATION

SOIERIES, BRODERIES

1 — Beau devant d'autel en broderie de soie au passé à fond de perles, décor de bouquets de fleurs et cornes d'abondance; au centre, médaillon représentant la Vierge. XVIIe siècle.

2 — Beau grémial en satin crème, bordure à rinceaux à broderie d'or à reliefs, décor de bouquets de fleurs en broderie de soie au passé; au centre, un médaillon représentant sainte Anne agrémenté de broderies d'or et bouquets de roses. XVIIe siècle.

3 — Beau grémial en satin vieux rose, décor aux angles : cornes d'abondance et fruits en broderie d'or à reliefs, fleurs en broderie de soie au passé; au centre, médaillon représentant sainte Thérèse entouré de motifs en broderie d'or. XVIIe siècle.

4 — Petit tapis en damas de soie verte, large bordure à palmes et fruits en broderie d'or à relief, motif au centre. XVIIe siècle.

5 — Voile de calice en satin crème, aux angles broderie en argent à relief et bouquets de fleurs en broderie de soie au passé ; au centre, médaillon en broderie d'or représentant la Vierge. XVIIe siècle.

6 — Voile de calice en son fond crème ; aux angles, motifs de fleurs en broderie de soie au passé, bordure filigranée or et fleurettes ; au centre, monogramme du Christ entouré de broderie argent et fleurs. XVIIe siècle.

7 — Voile de calice en soie fond crème, dessin à grands ramages en broderie de soie au passé ; au centre, croix de Malte en broderie d'or. XVIIe siècle.

8 — Très beau grémial fond satin violet, bordure en broderie d'or à relief et perles fines ; aux angles, bouquets de fleurs en broderie de soie au passé ; au centre, monogramme du Christ en perles fines. XVIIe siècle. (Plus de deux mille perles fines.)

9 — Petit tapis de soie brochée fond blanc, décor à grands ramages lamés d'or et d'argent. Epoque Louis XV.

10 — Petit tapis en soie blanche, moire lamée, broderie de bouquets de fleurs ; aux angles, cornes d'abondance d'où partent épis de blé entrelacés en broderie d'or.

11 — Chasuble en Dauphine fond crème à grandes rayures lamées d'or avec branches de roses. Epoque Louis XV.

12 — Chasuble avec voile de calice, soie fond crème, guirlandes de fleurs brochées serpentant sur ruban de dentelle lamé d'or, semis de branches. Fin Louis XV.

13 — Chasuble avec voile de calice, soie fond rouge ouvré, décor à feuillages et fleurs entrelacés sur rubans empennés, brochés et lamés d'or. Epoque Louis XV.

14 — Grand ciel de lit Louis XIII, fond satin broché blanc rosé à grands dessins brochés argent entouré d'un lambrequin bordé de galon argenté ; les quatre angles séparés du milieu par un large galon argenté et satin broché bleu passé.

15 — Grand lambrequin Louis XIII en gros de Tours fond crème broché grenat. — Long., 4 mètres.

16 — Lé en soie Dauphine en quatre morceaux fond saumon, fragment de robe broché chenille et cordonnet de couleur marron, à dessin de plumes et guirlandes serpentine.

17 — Petit tapis en soie crème lamée d'argent, à petits dessins de fleurettes de couleur très rapprochées. Epoque Renaissance.

18 — Dos de chape ou chaperon en tissu d'or, brodé lamelles d'or fin, bouquets au milieu, beau travail, époque Louis XV, à petites bandes repliées formant semis en argent doré.

19 — Morceau de drap d'or, forme écusson, broché de fleurs roses et bleues, lamé d'or. Epoque Louis XV.

20 — Morceau de soie fond rouge à grands ramages avec bouquet de fleurs brochées de couleur et lamées d'or; quatre morceaux tissus semblables.

21 — Morceau de soie, fond Damas vert, à petits dessins or et soie formant rayure.

22 — Devant de gilet tissu d'or brodé et paillettes d'argent doré. Époque Louis XVI.

23 — Devant de gilet en tissu lamé d'or, petits bouquets de fraises brochées.

24 — Devant de corsage en soie crème brodé fleurs soie de couleur et rinceaux à relief argent. Epoque Louis XIV.

25 — Devant de corsage en soie fond crème, fleurs tissées d'or. Epoque Louis XV.

26 — Petite robe de bébé en drap d'or entourée de dentelle argentée, fond quadrillé lisse et lamé d'or avec fleurettes en soie brochée de couleur.

27 — Réticule en soie crème, à deux faces, décor de vases et bouquets de fleurs brodées or et paillettes.

28 — Un petit béguin d'enfant à bouquets de fleurs brodées ; garniture de lézarde et nœuds soie rose.

29 — Petit tapis de soie brochée, fond crème armuré, décors de culs-de-lampe et vases tissés argent, formant corbeilles de fleurs et fruits. Epoque Régence.

30 — Morceau de soie fond rose à rinceaux feuillagés lamés d'or avec semis petits bouquets de roses tissés et brochés argent. XVIIe siècle.

31 — Chape soie fond rose à rayures, orfrois et chaperon à semis de bouquets de fleurs brochées. Époque Louis XVI.

32 — Morceau de soie fond crème à rayures bleuies avec semis de bouquets de fleurs brochées et guirlandes. Epoque Louis XVI.

33 — Grand panneau à fond tissé d'or, dessin à gros bouquets de fleurs soie brochée et tissée argent. XVIIe siècle.

34 — Morceau de soie fond prune, dessin à plumets roses brochés de couleur et fleurs tissées argent.

35 — Morceau de soie brochée fond prune, décor à rocaille, fleurs et fruits soie brochée. Époque Régence.

36 — Morceau de soie brochée fond rose, décor à grosses fleurs et fruits tissés d'argent. Époque Régence.

37 — Chasuble fond tissé d'or, décor gros bouquets de fleurs en soie brochée. xviie siècle.

38 — Morceau de soie brochée fond bleu pâle, décor à pampres de vignes en guirlandes et bouquets de fleurs. xviie siècle.

39 — Morceau de soie brochée fond vert jaune, à décor treillagé de branches de fleurs. xviie siècle.

40 — Morceau de soie entièrement brochée fond lilas, semis de petites fleurettes variées. xviie siècle.

41 — Chasuble en soie brochée fond crème, décor de semis de fleurettes. xvie siècle.

42 — Grand morceau de soie fond jaune, à décor de dentelle avec semis de fleurs et guirlandes tissées argent. xviie siècle.

43 — Grand et beau morceau de soie en Dauphine fond vert, décor à branches de roses et guirlandes de fleurs. xviiie siècle.

*

44 — Morceau de soie fond blanc, décor bouquets de fleurs brochés soie de couleur et ramages tissés d'or. XVIIIe siècle.

45 — Morceau de soie brochée en Dauphine fond vert tendre, dessin à branchages de roses. XVIIIe siècle.

46 — Morceau de soie brochée en Dauphine fond crème, décor à branchages fleuris roses et marguerites. XVIIIe siècle.

47 — Morceau de soie satin broché, dessin à feuillages tissés or et argent. XVIIIe siècle.

48 — Morceau de soie satin broché fond prune, décor branches de fleurs et fruits. XVIIIe siècle.

49 — Morceau de soie fond gris perle, décor de caravelles supportant fleurs et fruits. XVIIIe siècle.

50 — Morceau de soie fond jaune lamé d'or, décor en forme de losanges et petites fleurettes. XVIIe siècle.

51 — Morceau de soie brochée fond violet foncé, décor à grandes fleurs et feuillages. XVIIe siècle.

52 — Morceau de soie fond violacé, décor à rinceaux ferronnerie, fleurs tissées or. XVIe siècle.

53 — Morceau de soie brochée fond crème, décor à bouquets de fleurs et guirlandes. XVIIe siècle.

54 — Morceau de satin broché fond crème, décor à branchages empennés tissés d'or. XVIIIe siècle.

55 — Morceau de soie brochée fond crème, décor de bouquets de fleurs et grands ramages. XVIIe siècle.

56 — Morceau de soie brochée fond crème, décor à piqués de fleurs tissés et lamés d'or et d'argent. XVIIIe siècle.

57 — Bas de robe de soie brochée fond crème, décor à dentelle tissée or et fleurs brochées. XVIIIe siècle.

58 — Morceau en satin de soie broché, fond vert d'eau, décor de bouquets de fleurs et plumetis. XVIIIe siècle.

59 — Morceau de soie brochée fond violet foncé, décor de fleurs à grands ramages. XVIIe siècle.

60 — Morceau de soie fond chaudron, dessin à grands bouquets de fleurs. XVIIe siècle.

61 — Morceau de soie à fond crème, décor de branchages fleuris. XVIIIe siècle.

62 — Morceau de soie fond armuré, décor de bouquets de roses. XVIIe siècle.

63 — Morceau de soie brochée, fond blanc, décor de bouquets de fleurs et guirlandes de roses, feuillages tissés or. XVIIe siècle.

64 — Morceau de satin broché à rayures fond violet, dessin à branchages fleuris. XVIIe siècle.

65 — Morceau de soie brochée, fond chaudron, décor à bouquet de fleurs et rubans serpentins, lamés d'argent. XVIIe siècle.

66 — Morceau de soie brochée fond blanc armuré, décor de fleurs. Epoque Régence.

67 — Morceau de soie Dauphine fond crème, dessin dentelle avec guirlandes et bouquets de fleurs brodées, feuillages tissés d'or et d'argent. Epoque Louis XV.

68 — Morceau de soie brochée fond blanc, décor de bouquets de fleurs de couleurs. XVIIe siècle.

69 — Quatre morceaux de soie brochée fond blanc, décor bouquets de fleurs et guirlandes. XVIIe siècle.

70 — Satin broché fond crème, décor fleurs et fruits. XVIIe siècle.

71 — Satin fond crème, dessin à grands ramages de fleurs, broderie soie au point de chaînette. XVIIe siècle.

72 — Petit manteau de soie fond crème, à rayures et petites guirlandes de fleurs brochées de couleur. Epoque Louis XVI.

73 — Habit de cour en soie fond crème brodé de fleurettes et plumetis. Epoque Louis XVI.

74 — Ecran de satin fond rouge cramoisi, décor à lambrequin en application, tissé d'or avec personnages en broderie de soie rehaussée d'argent. XVIIe siècle.

75 — Morceau de velours de soie rouge sur fond blanc lamé et tissé. XVIIe siècle.

76 — Morceau de brocatelle fond crème, décor vase de fleurs et pigeons couronnés. XVIe siècle.

77 — Morceau de brocatelle fond vert; un autre fond rouge, dessin vase et oiseaux. XVIe siècle.

78 — Chasuble moire rose, croix fond rouge, fleurs et bouquets brochés.

79 — Chasuble de soie violette, dessin à grands ramages. XVIIe siècle.

80 — Damas de soie vert.

81 — Christ, la Vierge et sainte Madeleine en broderie d'or et soie. XVIIe siècle.

82 — Ciel de lit fond bleu et trois lambrequins, dessins en application rubans jaunes. Époque Louis XIII.

83 — Lambrequins fond bleu à liserés de couleur rouge et jaune. Époque Louis XIII.

84 — Ciels de lit et lambrequins. Époque Louis XIII.

85 — Ciel de lit, pentes en soie à rayures fond blanc, motif à cordonnet.

86 — Deux lambrequins en étoffe imprimée, franges.

87 — Deux lambrequins en damas de soie rouge.

88 — Lambrequins en soie brochée, à dessin dentelle et fleurs tissées argent. XVIIe siècle.

89 — Dessus de lit en damas de soie rose.

90 — Deux ciels de lit fond bleu, époque Louis XIII, lambrequins divers.

91 — Petit lambrequin fond toile en application de ruban de soie, velours et chenille.

92 — Deux lambrequins en soie rouge, semis de fleurettes tissées argent.

93 — Deux morceaux en application sur fond tissé argent. XVIIe siècle.

94 — Bande de tissu d'or à grand ramage.

95 — Panneau en broderie de soie sur fond vert passé, haut relief, à décor de rinceaux et volutes feuillagées. XVIIe siècle.

96 — Chaperon en drap d'or.

97 — Chasuble à petit dessin de fleurettes de couleur.

98 — Ciel de lit à fond jaune, dessin à grands ramages et fleurs brochées.

99 — Chasuble damas, soie rouge.

100 — Bandes en velours de soie pailleté et brodé d'or, dessin épis de blé.

101 — Deux lambrequins au point de Hongrie, avec franges. XVIe siècle.

102 — Autre lambrequin.

103 — Morceau de soie rouge, grand ramage.

104 — Robe de doge, XVIIe, siècle en drap d'argent.

105 — Ciel de lit, pentes et lambrequins, toile imprimée.

106 — Grand album : Collection de tissus imprimés.

107 — Collection sur cartes de galons soie argent, dentelles d'or, rubans, franges, etc., des XVIe, XVIIe, XVIIIe siècle.

108 — Partie étoffe pour sièges, soie rouge Empire.

109 — Morceau soie rouge. Epoque Louis XIV.

110 — Tapis de soie brochée. (A diviser.)

111 — Petit tapis fond rose soie brochée, à ramages et fleurs lamées. Epoque Louis XIV.

112 — Lot soies diverses pour doublures. (A diviser.)

113 — Petit lambrequin, dessin lamé d'argent.

114 — Lot de morceaux soieries tissées, brochées, lamées d'or. Epoques Louis XIII, Louis XIV, Louis XV, Louis XVI.

115 — Lot de bourses. (A diviser.)

116 — Lot de jais. (A diviser.)

117 — Lot de franges. (A diviser.)

118 — Lot de galons. (A diviser.)

BOIS SCULPTÉS

119 — Saint Pierre. Statuette en terre cuite. XVIIe siècle.

120 — Vierge, présentant l'Enfant. Statuette en terre cuite. XVIIIe siècle.

121 — Vierge, présentant l'Enfant. Terre cuite polychromée. XVIIe siècle.

122 — Bahut : têtes d'anges, gaines sculptées. Panneau à mascarons et rinceaux. Époque Louis XIII.

123 — Bahut à gaines sculptées, acanthe. Panneau à sujet, décor feuillagé. Époque Louis XIII.

124 — Beau bois de fauteuil, tapisserie à personnages au point. Époque Louis XIII.

124 *bis* — Bois de fauteuil, tapisserie au point, fleurs et fruits. Époque Louis XIII.

125 — Deux autres bois de fauteuil et chaise. Epoque Louis XIII.

126 — Deux autres. Même époque.

127 — Piétement de table. Époque Louis XIII.

128 — Table à pieds, balustre et croisillon, avec tiroir. Époque Louis XIII.

129 — Table pieds de biche. Époque Louis XV.

130 — Table dite tricoteuse. Époque Louis XV.

131 — Table à tiroir, dessus mobile, recouvert d'étoffe, permettant d'en faire une table à jeu à volonté, piétement à croisillon. Époque Louis XIII.

132 — Piétement de banquette. Époque Louis XIII.

133 — Deux grosses têtes d'anges en chêne sculpté et peint, ailes dorées.

134 — Trois grosses guirlandes en chêne sculpté, fleurs et fruits.

135 — Deux autres dorées.

136 — Deux grands panneaux, sur lesquels sont fixées deux belles chutes, en chêne sculpté et peint, ainsi que deux colonnes-appliques cannelées surmontées de chapiteaux sculptés et dorés. Epoque Louis XIII.

137 — Frise Renaissance en noyer sculpté, trois panneaux à décor médaillons, guirlandes et mascarons.

138 — Quatre frises diverses.

139 — Quatre frises XVIe siècle, à godrons.

140 — Grand panneau sculpté d'un cartouche et palmes.

141 — Bas de coffre. XIIIe siècle.

142 — Trois balustres finement sculptés. Epoque Régence.

143 — Panneaux sculptés, colonnettes-appliques, chutes.

144 — Bois sculptés divers : panneaux, consoles, rosaces, fleurons, fleurs, feuillages, etc. (A diviser.)

145 — Grandes appliques gothiques et moulures.

146 — Chapiteaux divers en bois sculpté.

147 — Deux paires de chenets. Epoque Louis XIII.

148 — Deux chenets en fonte. XVe siècle.

149 — Serrure de coffre, avec son moraillon. XVIe siècle.

150 — Serrures et ferrures.

151 — Motifs décoratifs de grille, volutes, guirlandes, etc., dorés.

152 — Reliquaire en bronze, avec pied à cabochons.

153 — Objets omis et sans numéro.

www.ingramcontent.com/pod-product-compliance
Ingram Content Group UK Ltd.
Pitfield, Milton Keynes, MK11 3LW, UK
UKHW020532180726
13839UKWH00005B/2458